친구 100명 대화법

1판 2쇄 2023년 4월 1일

글·그림 꼬마곰
펴 낸 곳 OLD STAIRS
출판 등록 2008년 1월 10일 제313-2010-284호
이 메 일 oldstairs@daum.net

가격은 뒷면 표지 참조
ISBN 979-11-91156-72-0
ISBN 979-11-91156-22-5 (set)

이 책의 전부 또는 일부를 재사용하려면 반드시 OLD STAIRS의 동의를 받아야 합니다.
잘못 만들어진 책은 구매하신 서점에서 교환하여 드립니다.

공통안전기준 표시사항

- **품명** : 도서　　　　· **재질** : 지류
- **제조자명** : Oldstairs　· **제조국명** : 대한민국
- **제조연월** : 2023년 4월
- **주소** : 서울특별시 마포구 양화로12길 24, 4층
- **KC인증유형** : 공급자적합성확인

KC마크는 이 제품이 공통안전기준에 적합하였음을 의미합니다.
책 모서리에 찍히거나 책장에 베이지 않게 조심하세요.

친구 100명 대화법

머리말

"발 없는 말이 천 리 간다."
"낮말은 새가 듣고 밤말은 쥐가 듣는다."
"가는 말이 고와야 오는 말이 곱다."

말과 관련된 속담이 많은 이유는 무엇일까요? 그만큼 '말'이 우리 생활 속에서 중요한 역할을 하기 때문입니다. 무언가를 알아갈 때, 갈등이나 문제를 해결할 때, 원하는 것을 요구할 때 등 여러 상황에서 꼭 필요한 존재죠. 말 한 마디로 하나로 관계가 진전되기도 하고, 어려웠던 상황이 해결되기도 하며, 분위기가 바뀌기도 하니까요.

그렇다면 '말'과 '대화'는 무엇이 다를까요? 말은 의사를 전달하는 표현 수단입니다. 상대방이 알아들었는지, 잘 이해했는지 등의 여부와 관계없이 일방적으로 이루어지죠. 하지만 대화는 주고받는 것에서 시작됩니다. 상대방이 하고 있는 말을 경청하고, 공감하며 의사를 파악하기 위해 노력해야 하죠. 따라서 진정한 대화란 말하기, 듣기, 이해하기의 종합체라고 볼 수 있습니다.

하지만 무조건 대화를 많이 한다고 좋은 것은 아닙니다. 대화를 '어떻게' 하는지가 중요하죠. 나의 마음과 생각을 솔직하게 표현하는 방법, 그리고 상대방의 말에 귀 기울이는 방법을 익혀야만 비로소 좋은 인간관계를 만들어 나갈 수 있거든요.

<친구 100명 대화법>은 의사소통에 어려움을 겪고 있는 모든 어린이들에게 길잡이가 되어줄 수 있는 책입니다. 또래 친구들의 흥미진진한 모험 이야기를 통해 어떤 대화가 좋은 대화인지, 어떻게 해야 상대방의 마음을 쉽게 얻을 수 있는지 설명해줍니다. 유쾌하고 재미있는 그림을 통해 누구와도 친구가 될 수 있는 대화의 기술을 배워볼 수 있죠.

원활한 대인관계는 진정한 의사소통에서 비롯됩니다. 책 속에 등장하는 다양한 대화의 기술들을 활용해 연습을 하다 보면 어느새 '쉽고 재미있는 대화'를 나누는 자신을 발견하게 될 거예요. 셀 수 없이 많은 친구의 손을 잡은 채로 말이죠.

자, 그럼 지금부터 친구 100명을 만들기 위한 모험을 떠나 볼까요?

차례

① 바다에 가다! 10p

② 해저 세계에 가다! 15p

③ 깍쟁이 물고기의 마음을 얻어라! 19p

④ 무뚝뚝한 새우와 친구 되기! 27p

✱ 친구가 되고 싶어? 이름을 불러줘!
✱ 공통점으로 대화를 시작해 봐! ·········26p

✱ 천 냥 빚을 갚는 인사 한마디!
✱ 다정과 냉정은 한 끗 차이! ·········38p

5 외로운 거북이 할아버지를 만나다! 39p

✱ 질문은 대화의 가장 중요한 재료!
✱ 농담의 선 지키기! ···································· 49p

6 꼬마 유령아, 울지 마! 50p

✱ 잘 들어주는 사람이 최고야! ············· 63p
✱ 이성과 감성을 넘나드는 설득의 기술!

7 미로 동굴에 가다! 64p

✱ 꼭 지켜야 할 사과의 5단계! ············· 73p

8 용왕님, 부탁드려요! 74p

✱ 칭찬은 고래도 춤추게 해!
✱ 과도한 칭찬은 관계의 독! ················ 86p

9 천상 세계에 가다! 87p

✱ 퍼즐처럼 이어지는 논리적인 말!
✱ 핵심부터 얘기해 봐! ·························· 97p

10 참새 마을에서 살아남기! 98p

✤ 말에도 계획과 연습이 필요해!
✤ 긴장을 없애주는 나만의 상상력! ·················· 114p

11 익룡들아, 길을 알려 줘! 115p

✤ 여러 사람 속에선 한 사람을 공략해 봐!
✤ 무례한 사람과 대화하는 법! ············ 126p

12 신전으로 가야 해! 127p

✤ 당당하게, 정확하게 이야기하기!
✤ 지나가는 개미라도 헐뜯지 마! ········· 136p

13 제우스 님, 일어나세요! 137p

✤ 눈빛이 없으면 대화는 열리지 않아!
············ 146p

14 말하는 나무와 재회하다! 147p

✤ 알쏭달쏭한 말로 이야기를 시작해 봐!
✤ 오해가 아닌 이해로 가는 대화! ········· 159p

⑮ 건방진 원숭이 가르치기! 160p

✤ 입장 바꿔 생각해 봐!
✤ 거절한 뒤엔 대안을 제시해 봐! 176p

⑯ 괴팍한 두더지들과 화해하기! 177p

✤ 최대한 자세하게 얘기해 봐!
✤ '너'대신 '나'로 말하기! 188p

⑰ 버스를 태워 줘! 189p

✤ 진심은 지구 밖에서도 통해! 205p

⑱ 집으로 돌아오다! 206p

✤ 마음의 문을 여는 열쇠는 바로 대화!
.................213p

1장 바다에 가다!

친구들과 함께 바다에 왔다.

와~ 바다다!

신난다!

대장은 나, 최대한.

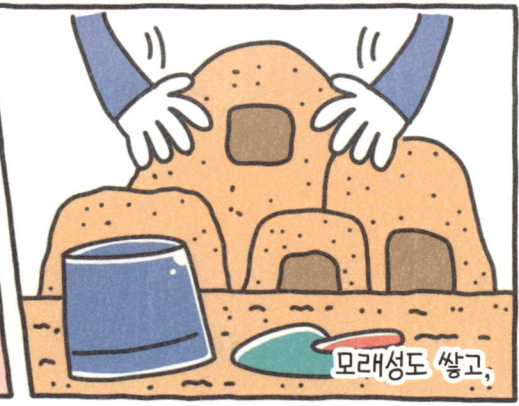

2장
해저 세계에 가다!

진정한 대화를 하는 자만이 이 세계에서 빠져나갈 수 있을 것이다.

친해지고, 가르쳐주고, 상처를 치료해라.

그러면 커다란 문이 열릴 것이니..!

꺅쟁이 물고기의 마음을 얻어라!

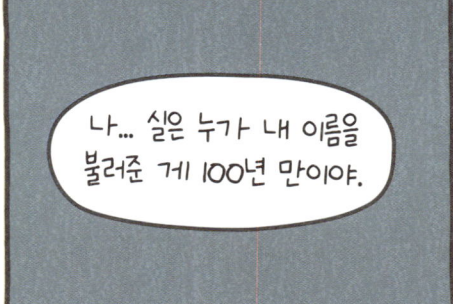

대화는 즐거워

친구가 되고 싶어? 이름을 불러줘!

이름을 불러주는 것에는 커다란 힘이 있어요.
영국 뉴캐슬대학교 연구팀의 연구 결과에 따르면, 이름을 붙여주고
매일 그 이름을 불러준 젖소들은 다른 젖소들보다 약 3.5% 더 많은 우유를 생산했다고 해요.
연구팀은 그 이유를 '젖소가 개별적인 관심과 보살핌에 행복을 느꼈기 때문'이라고 설명했어요.
개별적인 관심과 보살핌! 바로 그거예요.

나를 그저 '학생', '쟤', '야'라고 부르지 않고 '니나야' 하고
이름으로 부른다는 건 나의 존재를 특별히 기억하고 있다는 것을 의미하죠.

내 이름은 이 세상에서 오직 나만이 가질 수 있는 보석과도 같은 것이니까요.
그러니 누군가의 이름을 까먹거나 잘못 부르지 않도록 더욱 조심해야겠죠?
앞으로 다정한 말이 입 밖으로 쉽게 나오지 않을 땐 친구의 이름을 한번 불러주기로 해요!

공통점으로 대화를 시작해봐!

누군가와 친해지는 가장 빠른 방법은 그 사람과 나의 공통점을 찾는 거예요.
나만 아는 것, 그 사람만 아는 것이 아닌

'우리 둘 다' 알고 있는 것은
두 사람 사이를 더욱 특별하고 끈끈하게 해주죠.

공통점을 이야기할 때는 "정말? 나도 그런데!" 하고
공감하고 기뻐하는 듯한 말투를 사용한다면 더 좋아요.
공통점에 대한 더 자세하고 깊은 이야기로 넘어가는 것도 물론 좋고요.
혹시나 공통점을 찾기 어렵다 해도 좌절하진 마세요.
날씨 이야기, 숙제 이야기, 선생님 이야기, 연예인 이야기 등등
누구나 친숙하게 알고 있는 이야기로도
얼마든지 대화를 시작할 수 있으니까요!

따뜻함으로 다가가야 해!

 무뚝뚝한 새우와 친구 되기!

대화는 즐거워

천 냥 빚을 갚는 인사 한마디!

'말 한마디로 천 냥 빚을 갚는다'라는 속담을 들어본 적 있습니까?
천 냥은 요즘으로 치면 수천만 원 정도 되는 돈입니다.
예로부터 말이라는 게 얼마나 중요했는지 알려주는 속담입니다.
그렇게나 큰 기쁨을 주는 말 중 가장 쉽게 할 수 있는 말이 무엇일까요?
그건 바로 인사말이랍니다. 안녕하세요, 감사합니다, 고맙습니다, 좋은 하루 보내세요.
이런 말들을 하는 건 어려운 일이 아니지만,

그 인사말을 들은 사람은 언제나 기분이 좋아지거든요.
물론 인사를 하는 당신도 덩달아 기분이 좋아질 거고요.

처음 만나는 사람에게, 버스 기사님께, 마트 직원분께, 혹은 서먹한 친구에게.
어색하다고 퉁한 표정으로 있지 말고, 웃으면서 먼저 인사를 건네 보는 건 어떻습니까?
사람들은 당신의 예쁜 마음을 사랑해 줄 거고, 당신 주변으로 밝은 행복이 퍼져나갈 것입니다.

당신의 말투를 되돌아보세요!

다정과 냉정은 한 끗 차이!

같은 마음도 말에 따라 완전히 다르게 전달될 수 있습니다.
누군가 당신과 대화하다가 기분 나쁘다고 표현한 적 있습니까?
그렇다면 아마 당신의 말투에 문제가 있었을 겁니다. 자, 여기 두 사람의 대화를 보십시오.
발을 밟아 죄송합니다. / 아이씨... 됐어요. / 이를 어쩌나... / 아 괜찮다니까요?!
발을 밟아 죄송합니다. / 아니에요. 괜찮아요~ / 이를 어쩌나... / 저 정말 괜찮아요! 헤헤.
둘 다 '괜찮다'는 내용으로 대답하고 있지만,
말투 때문에 발을 밟은 사람의 기분은 완전히 달라질 겁니다.
말투는 한 사람의 성격과 그 사람이 살아온 날들을 보여주는 거울이라고 합니다.
우리, 같은 말이라도 조금 더 상냥하게 해 봅시다.
그 말들이 언젠간 더 따뜻한 인생이 되어 당신에게 돌아올 테니까요.

장
외로운 거북이 할아버지를 만나다!

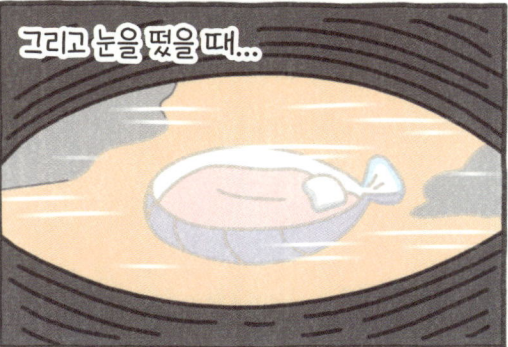
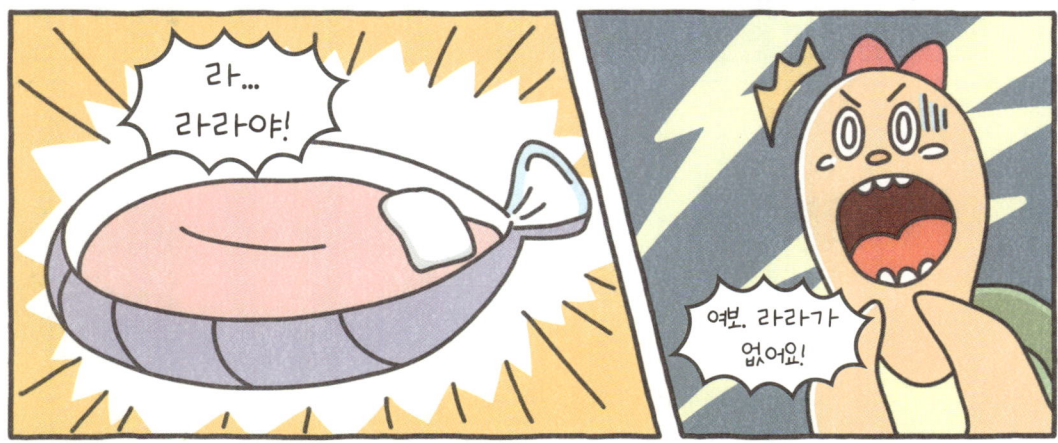

대화는 즐거워

질문은 대화의 가장 중요한 재료!

여러분~ 이 할애비의 말을 잘 들어봐요. 누군가와 대화를 잘하고 싶다면
자기 얘기를 하는 것에만 신경 쓰지 말고, 상대방에게 질문을 한번 해 보세요.
"밥 먹었어?"부터 시작해서 "취미가 뭐야?", "강아지 좋아해?" 등등,

질문은 새로운 대화의 문을 열어주는 열쇠가 된답니다.
공을 던지듯이 질문을 던지면, 상대방이 대답하면서 대화가 이어져요.

누군가와 가까워지고 싶다면,
그 사람과 관련된 것들에 대해 조심스럽게 물어보세요.
이야기가 하나둘 만들어지면서, 상대방과 조금씩 가까워지게 될 거예요.

농담의 선 지키기!

그런데... 방금 저 꼬마처럼, 대화의 분위기를 바꾼답시고
상대방에게 상처 주는 말을 하면 안 되겠지요?
웃자고 한 얘기지만, 그 얘기를 듣는 당사자는 마음에 큰 상처를 입을 수도 있어요.
재치 있고 웃긴 사람이 인기가 많은 건 사실이지만,
사람들을 웃기려다가 해서는 안 될 말을 하지 않도록 유의하세요.

특히 누군가의 외모를 비하하거나, 상대방이 스스로
약점이라 여기는 부분에 대해서 놀리면 절대 안 돼요!

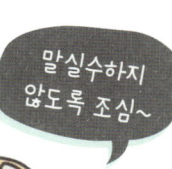

말실수하지 않도록 조심~

제 말을 꼭 기억하도록 하세요.
백 마디의 웃긴 말을 하는 것보다,
한 마디의 말실수를 하지 않는 게 더 중요할 수도 있으니...

6장
꼬마 유령아, 울지 마!

흑흑...

저기...

울고 있는 꼬마 유령이었다!

으악!

왜... 왜 우니?

으아앙~

잘 들어주는 사람이 최고야!

언니들, 오빠들, 안녕하세요? 꼬마 유령이에요. 아까는 제가 너무 떼를 써서 힘드셨죠?
죄송해요. 저도 하고픈 말은 많은데, 말이 나오지 않아 힘들었어요.
그래도 운찬이 오빠와 라니 언니가 제 말을 잘 들어주어서 정말 좋았어요.
그래서 말인데, 언니 오빠들 주변에도 저처럼 하고픈 말을 잘 못하는 친구들이 있잖아요.
수줍어서, 친구들과 어울리지 못해서, 아니면 저처럼 어리거나, 몸과 마음이 아파서…

그런 사람들의 말을 부디 귀 기울여 들어 주세요. 어려운 상황에 있을 때,
누군가 제 말을 열심히 들어 주면 그것만큼 고맙고 도움되는 게 없더라고요.

기다리는 일이 답답하고 짜증 날 수도 있겠지만,
그런 마음을 꾹 참고, 열린 마음으로 한 번만 들어주면 어떨까요?
그 친구는 언니들, 오빠들 덕분에 훨씬 더 열린 마음으로 세상을 바라보게 될 거예요.

이성과 감성을 넘나드는 설득의 기술!

참. 그리고 아까, 재원이 오빠가 했던 말 기억해요?
"둥그런 성곽이 있었으니, 둥그런 탑도 있을 거야!"
이렇게 가야 할 길을 알려주면서, 아름다운 경치를 보라며 감동까지 주었잖아요.
그게 누군가를 설득할 때 되게 좋은 방법이래요.

문제를 풀어낼 수 있는 해결책을 얘기하면서도
마음속의 깊은 감정을 자극하는 것!

언니 오빠들도 누군가를 설득해야 할 땐 그 두 가지를 꼭 생각해 봐요.
누구든 고개를 끄덕일 수밖에 없는 적절한 선택지를 이야기하면서,
상대방의 마음을 살살~ 움직이는 말까지 덧붙이면!
모두 언니들, 오빠들의 이야기에 홀랑 넘어가지 않을까요?

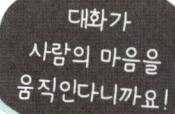
대화가 사람의 마음을 움직인다니까요!

7장
미로 동굴에 가다!

꼭 지켜야 할 사과의 5단계!

여러분, 잘 있었나요? 아까는 제가 화가 많이 나 있었지만...
대한이와 친구들의 진심 어린 사과 덕분에, 지금은 기분이 많이 좋아졌답니다.
자, 그럼 누군가에게 사과할 때 꼭 지켜야 할 5가지 단계를 알아볼까요?

1. 잘못을 인정하기

무작정 미안하다는 말만 하기보다는, 내가 뭘 잘못했는지 알고 있다는 것을 알려주어야 해요.
운찬이가 "분위기를 좋게 하려다, 해서는 안 될 말을 했어요."라고 말한 것처럼,
자신의 잘못을 자세히 이야기하고, 반성하고 있음을 말해주세요.

2. 공감하기

나의 잘못으로 인해 상대방이 겪었을 어려움, 상대방의 마음에 생긴 상처 등에 대해 공감해 주세요.
"많이 속상했지?", "많이 힘들었지?"라고 말하며, 공감해줄 때에 아픔은 치유된답니다.

3. 확실한 말로 사과하기

"미안해."라고, 세 글자를 확실히 말하는 것 또한 굉장히 중요해요.
사과하는 것이 부끄럽거나 자존심이 상한다 해도 말을 얼버무려선 안 돼요!

4. 해결책을 이야기하기

단순히 "늦어서 미안하다."고만 하기보다는, "앞으로는 늦지 않겠다."라고,
혹은 "앞으로 늦지 않기 위해 10분씩 더 일찍 일어나겠다."라고 해결책을 이야기하는 게 좋아요.
그러면 상대는 더 나아질 미래를 기대하며, 당신의 마음을 기꺼이 받아들이게 되겠죠.

5. 대답 듣기

내가 할 말만 하며 사과를 끝내지 말고, 괜찮다는 상대방의 대답을 듣는 것이 좋아요.
정확히 어떤 점이 서운했는지, 지금의 기분은 어떤지 등 상대방의
이야기를 충분히 듣고 대화를 끝맺어 주세요.

누군가에게 잘못한 일이 있다면, 망설이지 말고 지금 바로 사과해 보세요.
진솔한 대화를 통해 이전보다 더 돈독한 사이로 거듭날 수 있을 테니까요!

사과하는 일, 두려워 마세요.

8장
용왕님, 부탁드려요!

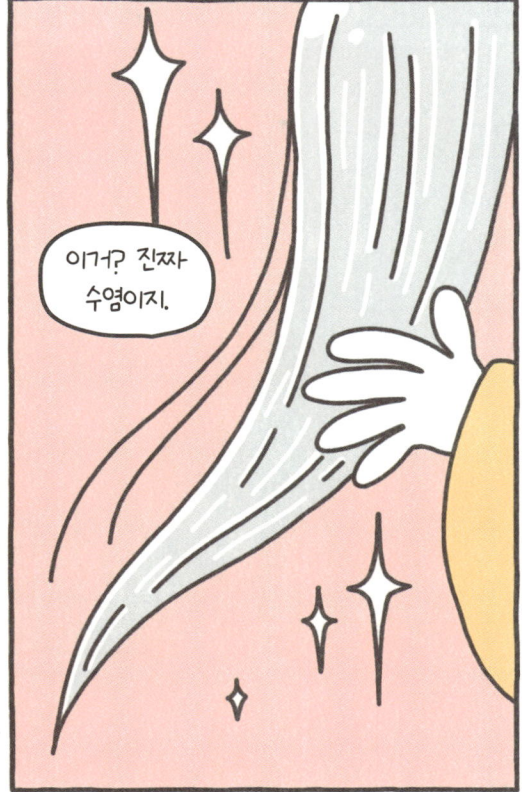

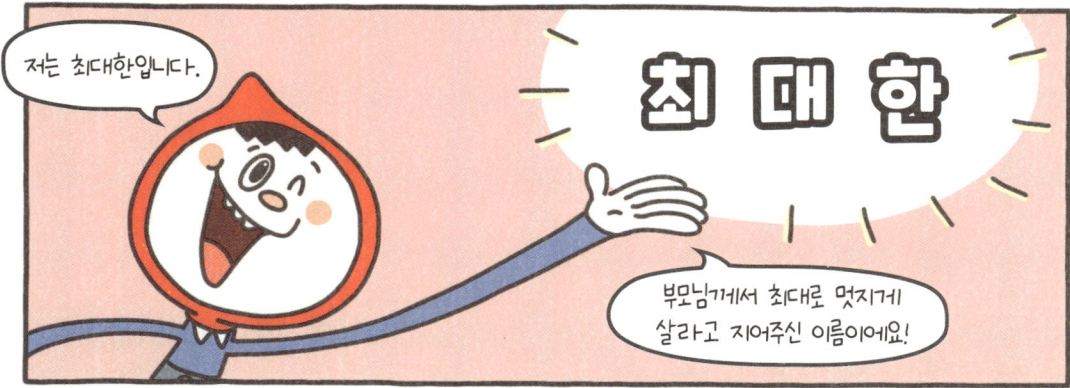

대화는 즐거워

칭찬은 고래도 춤추게 해!

자네들… '칭찬은 고래도 춤추게 한다'는 말 들어 봤는가?
세상에 칭찬을 싫어하는 사람은 없다는 뜻이지.
생각해 보게. 자네가 쿠키를 구웠는데 뒷면이 탔을 때,
누군가는 "쿠키를 구울 줄 모르네. 오븐에서 더 빨리 뺐어야지."라고 말하는 반면,
다른 누군가는 이렇게 말해줄 걸세.
"와~ 쿠키를 만들 줄 안다니 대단해! 좀 타긴 했지만 맛있어 보여."
말 한마디를 해도 상대방의 기분을 좋게 만드는 사람, 본 적 있지?

그런 사람은 주변 이들을 행복하게 하고,
상상도 못 했던 장점을 발견하게 하고, 새로운 일을 꿈꾸게 해 준다네.

큰 잘못이 아니라면 지적하기보단 좋은 부분을 찾아 격려해 보게.
덕분에 상대방도 더 힘을 내어 좋은 결과를 만들어 낼 거야.

과도한 칭찬은 관계의 독!

그러나 너무 과도하게 칭찬만 하는 것도 문제가 될 수 있네.
진심 어린 격려를 하는 게 아니라,
상대방을 띄워주기 위해 아부하는 게 바로 그런 경우일세.
좋은 말을 해 주는 것은 누군가와 가까워지기 위한 좋은 방법이지만,
그러다 자신을 지나치게 낮추거나, 마음에도 없는 말을 하지 않도록 유의하게나.

누군가 진심을 이야기하는지 아닌지는 생각보다 쉽게 느껴진다네.

그러니 늘 진실만을 이야기하게.
칭찬할 때는 물론이고, 모든 대화에 있어서도 말일세.

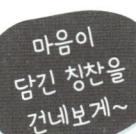
마음이 담긴 칭찬을 건네보게~

천상 세계에 가다!

용왕님은 큰 소리로 주문을 외우셨다.

아리아리~

쓰리쓰리~

아라리오

그리고 눈을 떴는데...

하... 하늘이잖아?!

퍼즐처럼 이어지는 논리적인 말!

안녕. 나는 천재 어린이, 천재원이야. 어떻게 하면 나처럼 말을 잘할 수 있는지 알려주지.
먼저, 논리적으로 이야기해야 해. 그런데 논리라는 게 뭐냐! 궁금한 친구들이 많을 거야.

쉽게 말해 논리는 '이치에 맞는 이야기'라는 뜻이거든?

그러니까 뒤죽박죽이 되지 않게끔, 적절한 순서에 맞추어 이야기하는 거야.
"나는 잠이 들었기 때문에, 피곤했어.", "나는 피곤했기 때문에, 잠이 들었어."
둘 중에 뭐가 논리적인 문장인지, 당연히 알겠지?
어떤 일이 일어난 과정에 따라서, 원인과 결과에 따라서,
상대방이 이해하기 쉽게끔 차근차근 이야기하는 게 바로 논리적 말하기야.

핵심부터 얘기해 봐!

그런데 가끔은 저 비둘기들처럼, 내가 논리적으로 말해도
이해하지 못하는 사람이 있을 수 있어. 여러 가지 이유가 있겠지만, 아마도...
말이 너무 길어지면, 네 말의 핵심이 무엇인지 파악하기 어렵기 때문일 거야.
그래서 그런 때에 사용할 수 있는 좋은 팁이 있는데!

그건 바로 네가 가장 하고 싶은 얘기를 맨 처음에 말하는 거야.

"나는 어렸을 때 몸이 약했어. 감기에도 많이 걸렸어. 그때 할머니께서 유자차를 끓여
주셨는데, 그게 너무 따뜻하고 맛있었어. 그래서 유자차를 좋아해.
그래서 말인데... 유자차 마시러 갈래?" 라고 말할 수도 있겠지만,
"유자차 먹으러 갈래? 나 유자차 진짜 좋아하거든. 어렸을 때 감기 걸릴 때도
할머니가 끓여 주시면 엄청 잘 먹고 그랬어." 라고,
네가 하고 싶은 말을 가장 앞에 둘 수도 있어.
사람은 늘 맨 처음에 들은 얘기를 가장 잘 기억하기 때문에,
너의 생각이나 마음을 전달하기 위해 굉장히 좋은 방법이지.

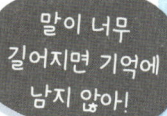

말이 너무 길어지면 기억에 남지 않아!

 참새 마을에서 살아남기!

대화는 즐거워

말에도 계획과 연습이 필요해!

안녕 친구들! 계획은 성공의 필수 요소라는 말, 들어 봤지?
그런데 다들 공부나 생활 계획표는 세워 본 적 있어도, 이야기 계획은 세워 본 적 없을 거야.
이야기를 계획하고 연습하는 일, 이거 생각보다 되게 중요하다고!

누군가에게 중요한 이야기를 해야 하거나 긴 연설을 해야 한다면,
전날부터 무슨 말을 할지 적어서 여러 번 읽어 봐.

대본을 만들어 달달 외워도 좋고, 연기자처럼 목소리와 손짓, 표정까지 연습해도 좋아.
어떤 이야기든지 충분히 익숙해지면, 운찬이처럼 갑자기 긴장하거나 할 말을 까먹더라도
금방 기억해 내서 성공적으로 말을 끝마칠 수 있을 거야. 발차기를 수도 없이 연습한 덕분에,
갑자기 강도가 나타나도 완벽한 발차기를 날리는 태권도 선수처럼 말이야!

긴장을 없애주는 나만의 상상력!

연습을 해도 사람들 앞에서 말하는 게 어려울 때가 있지?
특히 많은 사람 앞에서 중요한 발표를 할 때, 땀이 삐질삐질 나고,
나도 모르게 목소리가 기어 들어가는 경험을 해 본 적이 있을 거야.
그럴 땐 있잖아, 마치 최면을 걸듯 상상력을 발휘해 보는 게 좋아!
불편한 장소, 불편한 사람들을 보고 있더라도 마치 내가 가장 좋아하는 장소에서
가장 좋아하는 사람들을 보고 있다고 생각해 봐.
저 사람은 무서운 선생님이 아니라 다정한 우리 아빠라고,
딴청 피우는 친구는 내 장난꾸러기 동생이라고,
여기는 낯선 교실이 아니라 내가 가장 좋아하는 내 방이라고 말이야.
물론, 이런 상상이 처음부터 찰떡같이 익숙해지는 건 아니겠지만

편안한 것들에 대한 너의 상상이 네 마음을 안정시켜 주고,
금방 자신감 있는 목소리를 찾도록 도와줄 거야.

말하기 연습으로 대화왕이 되어보자!

11장 익룡들아, 길을 알려 줘!

인사를 했다.

대화는 즐거워

여러 사람 속에선 **한 사람을 공략** 해봐!

얘들아, 혹시 모르는 사람들이 많은 곳에서
어떻게 행동해야 할지 몰라 난감했던 적 있어?
예를 들면 입학식 날, 처음 보는 친구들이 가득한 교실에서
나만 빼고 다 왁자지껄 즐거운 것 같아서 당황스러웠던 것처럼 말이야.
비슷한 경험이 누구에게나 있을 거야. 그런데 있잖아. 낯선 장소에서,
낯선 사람들에게 둘러싸여 있다고 해서 너무 겁을 먹거나 소심해질 필요 없어.

사람들 모두와 친해질 필요 없이, 네 옆에 있는 누군가와만
조용히 이야기를 나눠도 되는 거잖아?

주변의 상황이 어떻든, 분위기가 어떻든 크게 신경 쓰지 말고
옆 사람과 소소한 대화를 만들어 봐. 그렇게 천천히 한 명 한 명과 이야기를 나누다 보면,
어느새 많은 사람과 가까워진 너를 보게 될 거야.

자신감을 가지고 이야기해 봐!

무례한 사람 과 대화하는 법!

어딜 가든 무례한 사람은 꼭 한 명씩 있지? 불쾌한 농담을 하고, 이유 없이 화를 내고,
규칙을 어기고도 뻔뻔한 사람들 말이야. 만약 그런 사람이 너에게 상처 주는 말을 한다면,
'네가 나에게 무례하게 행동하고 있다'는 사실을 확실히 짚어주는 게 좋아.
"네가 이런 말을 해서 상처받았어."라든가, "그런 말은 듣기 불편해."라고 이야기하면
그 사람도 자신의 잘못을 알기 때문에 더는 무례하게 굴지 않을 거야.
그리고 재원이처럼 어느 정도는 좋은 말로 구슬리는 것도 하나의 방법!

나에게 투덜거리는 친구를 오히려 따뜻한 말로 감싸 안으면,
그 친구가 부끄러움을 느끼고 더는 무례하게 행동하지 않을 수도 있어.

중요한 건 그러면서도 네가 상처받지 않아야 한다는 것!
너의 행복한 대화를 위해 확실하고, 대담하게, 때로는 따뜻한 말들을 이용해 봐.

신전으로 가야 해!

대화는 즐거워

당당하게, 정확하게 이야기하기!

이봐, 거기 너! 나처럼 무서운 존재를 만나도 또박또박 잘 얘기할 수 있어?
만약 아니라면 오늘부터라도 당당하게 이야기하는 연습을 해 봐.
사람한테는 말이야. 성격이나 외모, 옷차림, 직업 같은 것만큼이나
목소리도 엄청나게 중요하거든. 네가 어디 가서 쭈뼛거리지 않고

당당한 목소리로 네 생각을 확실히 말할 수 있다면,
그것만으로도 많은 사람이 너를 좋게 볼 거야.

반대로 언제나 자신감 없이 이야기하는 사람은 좋은 인상을 주기 어렵겠지?
얼굴의 근육을 풀며 발음 연습을 해도 좋고, 책을 소리 내서 읽는 연습을 하는 것도 좋아.
마음을 굳게 먹고, 씩씩하게 말하는 연습을 해 보렴!

지나가는 개미라도 헐뜯지 마!

뒤에서 누군가를 험담하는 건 살면서 절대 하면 안 될 행동 중 하나야.
말은 돌고 돌기 때문에, 누군가에 대해 안 좋은 얘기를 한다면
그 얘기는 언젠간 그 사람 귀에 들어갈 가능성이 높아.
그러면 정말 큰일 나겠지?
그리고 꼭 그렇지 않더라도, 뒷담화는 사람들이 눈살을 찌푸리게 만들어.

말은 입에서 입으로 돌고 돈다고~

네가 다른 사람을 자꾸 욕하면, 너의 이미지만 안 좋아지는 거지.
그러니 누군가가 너를 속상하게 한다면
다른 사람들에게 흉을 보지 말고, 그 친구에게 직접 얘기해 봐.
네 친구들이 모여 누군가를 욕해도, 너만은 꾹 참고 조용히 있고!
그 누구라도 뒤에서 흉보지 않기. 나랑 꼭 약속하는 거야.

13장 제우스 님, 일어나세요!

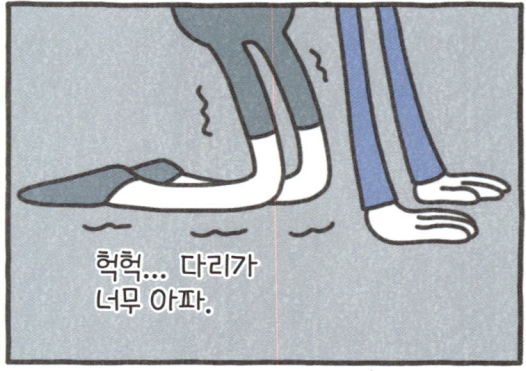

대화는 즐거워

눈빛 이 없으면 대화는 열리지 않아!

꼬마들아. 너희는 친구와 이야기를 할 때 친구의 눈을 똑바로 바라보는 편이니?
아마 그런 사람들이 많지는 않을 거야.
그런데 대화할 때 상대방의 눈을 쳐다보는 건 정말 중요하단다.

눈을 똑바로 보지 않고 시선을 피하는 행동은
너를 자신감 없어 보이게 하고,
너의 말이 잘 전달되지 않게 만들거든.

처음에는 어색하고 부끄럽겠지만,
대화하는 상대방과 눈 마주치는 연습을 차근차근 해 봐.
네가 눈을 적절하게 맞추며 이야기를 나누는 순간
상대는 너의 말을 더 귀 기울여 들어 줄 거야.
그렇다고 너무 부리부리하게 째려보지는 말고!

부드럽게 웃으면서, 때로는 눈을 동그랗게 뜨고
공감하면서! 알았지?

눈은 마음을 보여주는 창이야. 이 말을 꼭 기억하기로 해!

눈을 보면 마음이 통하는 느낌이랄까?

14장 말하는 나무와 재회하다!

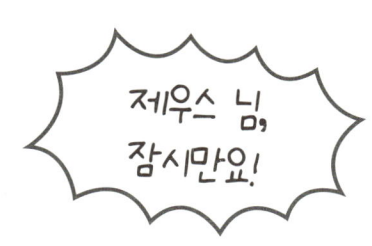

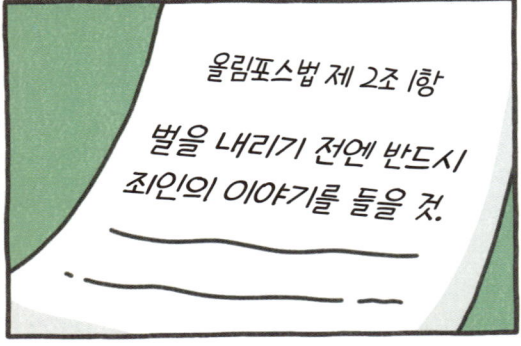

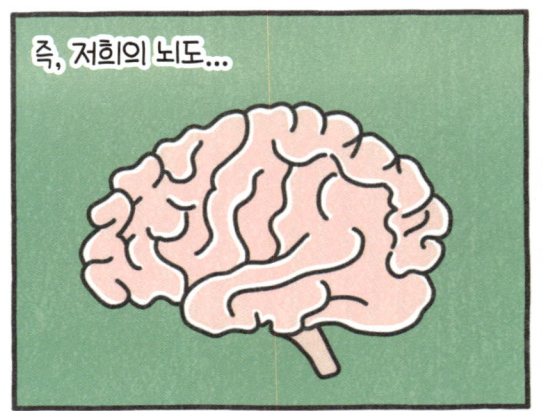

알쏭달쏭한 말 로 이야기를 시작해봐!

여러분, 이제까지 상대방을 잘 이해시키는 대화법에 대해 배웠을 거예요.
그런데 때로는 이해가 잘 되는 말보다 이해가 잘 안 되는,
알쏭달쏭한 말이 사람의 마음을 붙잡기도 한답니다! 대한이가 앞에서 이런 말을 했죠.
"우리가 욕을 한 건 사실이지만, 우리가 욕을 한 걸 기억 못 하는 것도 사실이에요."

말이 안 되죠? 이렇게 앞뒤가 맞지 않는 표현을 '역설'이라고 해요.

'나는 슬퍼. 그렇지만 나는 슬프지 않아.'라는 문장이나,
'소리 없는 외침', '살아 있는 죽음'과 같은 표현처럼 말이에요!
그런데 이런 역설적인 표현은 우리의 궁금증을 불러일으킨답니다.
누군가의 관심이 필요하다면, 이렇게 알쏭달쏭한 표현으로 대화를 시작해 보세요.
모두가 귀를 쫑긋 세우고 여러분의 말을 듣게 될 거예요!

오해가 아닌 이해로 가는 대화!

아까 대한이와 친구들에게 나무가 했던 말 기억하죠?
나무는 아이들에게 상처를 받았음에도 불구하고, 아이들의 상황을 이해하며 용서해줬어요.
그리고 따듯한 말로 아이들의 마음을 어루만져줬죠.
여러분도 살다 보면 많은 일들을 겪게 될 거예요.
누군가 여러분을 정말 화나게도 할 거고, 속상하게도 할 거예요.
그런데 그럴 때, 여러분이 받은 아픔을 똑같이 갚아주는 것도 좋지만
오히려 그들을 이해하고 용서함으로써 여러분의 상처를 치유할 수도 있어요.
마치 우리의 멋진 나무처럼 말이에요!
그러니 한 번쯤은, 누군가의 잘못을 넓은 마음으로 감싸 안아주는 건 어떨까요?

그 사람은 자신의 잘못을 더 깊게 뉘우칠 거고,
모두에게는 따듯한 행복이 찾아올 거예요.

대화의 힘은 참 신기해~

15장 건방진 원숭이 가르치기!

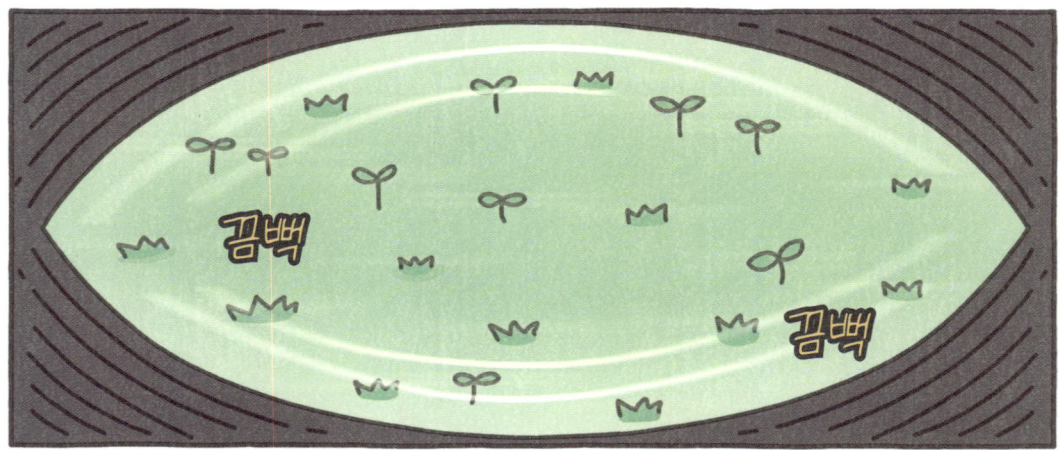

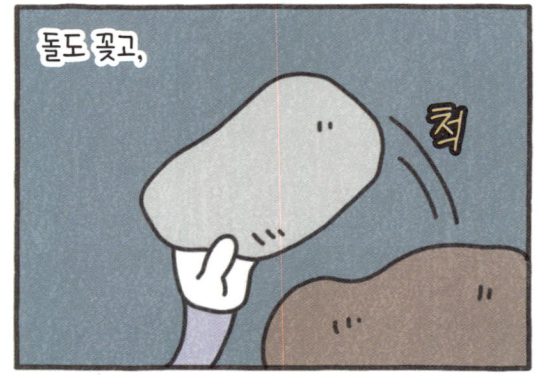

대화는 즐거워

입장 바꿔 생각해 봐!

친구야, 혹시 '역지사지'라는 말 들어 봤어?
역지사지는 '다른 사람의 입장에서 생각해 본다'는 뜻의 사자성어야.

누군가를 이해하기가 힘들 때, 그 사람의 입장에서 생각해 보면 훨씬 더 쉽게 그를 이해할 수 있어.

예를 들어, 누군가 계단을 뛰어 내려가다가 너와 부딪혔다고 해 봐.
어깨도 아프고, 기분이 나쁘겠지? 그런데 그런 순간에 이렇게 생각해 보는 거야.
'굉장히 급한 일이 있어서 저렇게 뛰어가는 거겠지?'
'저 사람도 바쁜 와중에 누군가와 부딪히니 당황스러웠겠지?'
이렇게 상대방의 입장을 생각해 보면 더 너그러운 마음을 가질 수 있어.
너희들도 이 '역지사지'의 마음을 일상 속에서 잘 이용해 봐.
상대방의 아픔을 더 깊게 이해하고, 서로를 진심으로 위하는 대화를 할 수 있을 테니까!

거절한 뒤엔 대안을 제시해 봐!

친구나 가족의 부탁을 거절하는 일, 참 어렵지? 누군가가 나에게 도움을 청했는데
그걸 거절해야 한다면 참 미안하기도 하고 난감하기도 할 거야.
그런데 이런 거절의 대화에서 써먹을 수 있는 좋은 팁이 있어! 그건 바로 대안을 제시하는 거야.
그러니까 무작정 "안 돼!"라고 거절하지만 말고,

"안 돼. 하지만 이런 건 어떨까?"라고 다른 선택지를 전해주는 거지.

이 대답은 너와 친구 모두를 만족시켜줄 거야.
친구는 새로운 선택지를 얻어서 좋고, 너도 마음이 무겁지 않아서 좋고!
어때? 앞으로 누군가의 부탁을 거절해야 할 땐 이 팁을 사용해 봐.
너도 원하는 걸 얻고, 상대에게도 원하는 걸 주는 것,
그거야말로 모두를 행복하게 하는 고수의 대화법 아니겠어?

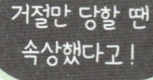
거절만 당할 땐 속상했다고!

16장 괴팍한 두더지들과 화해하기!

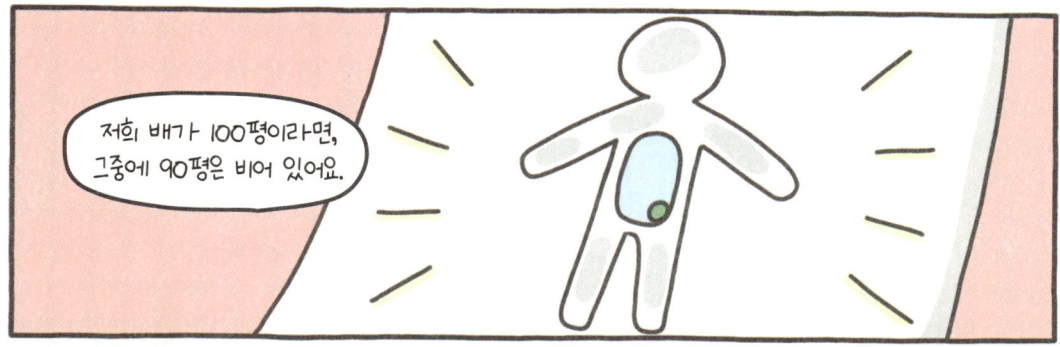

대화는 즐거워

최대한 자세하게 얘기해 봐!

여러분. 혹시 '반달'이라는 노래 알고 있어요?
내가 제일 좋아하는 노랜데, 이런 가사로 시작해요.
'푸른 하늘 은하수 하얀 쪽배에, 계수나무 한 나무, 토끼 한 마리.'
여기서 '하얀 쪽배'는 흰 배처럼 생긴 반달을 뜻해요.
밝게 빛나는 달 위에 나무도 있고, 토끼도 있는 모습을 노래한 거죠. 정말 아름답지 않아요?
만약 그냥 '밝은 반달'이라고만 했다면 이렇게 감동적이진 않았을 텐데,
최대한 자세하게, 눈에 보일 듯이 표현했기 때문에 더 마음에 와닿더라고요.

여러분도 대화할 때 이렇게 생생한 표현을 사용해 봐요.

대한이와 친구들이 배고픔을 숫자로 표현한 것처럼, 배를 하얀 쪽배에 비유한 것처럼!
머릿속에 있는 걸 구체적이고 재미있는 표현으로 바꾸면
이야기가 상대방 귀에 쏙쏙 들어갈 거예요.

'너' 대신 '나'로 말하기!

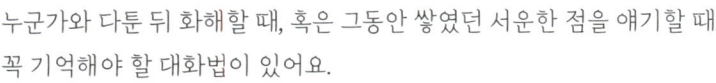

누군가와 다툰 뒤 화해할 때, 혹은 그동안 쌓였던 서운한 점을 얘기할 때!
꼭 기억해야 할 대화법이 있어요.
그건 바로 '나'로 말하기 대화법이에요.
"네가 그랬잖아.", "너 때문이야.", "너만 아니었어도!"라는 말로 상대방을 탓하는 대신,
"나는 그때 속상했어.", "내가 원하는 건...", "나는 이렇게 생각해!"라는 말로
내 생각과 마음이 중심이 되게 말해 보세요.

상대방은 당신의 입장을 더 잘 이해해 줄 거고,
둘 사이의 문제점을 더 쉽게 찾을 수 있을 거예요.

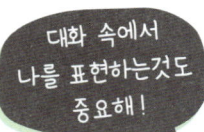
대화 속에서 나를 표현하는것도 중요해!

17장
버스를 태워 줘!

지름길을 내려가다 보니,

얼마 되지 않아 우리 동네의 풍경이 보였다.

우리 집 저기 보인다!

와아~ 드디어!

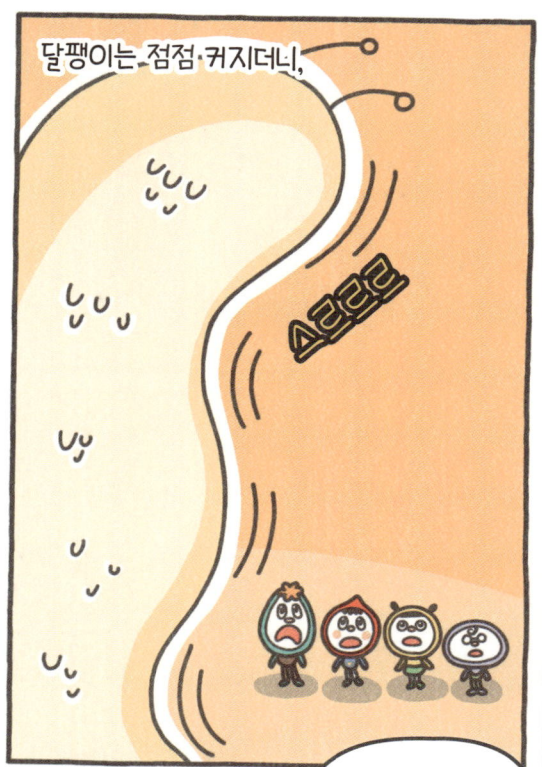

마침내 문이 열렸다!

집으로 가는 문이야.

이 문을 지나가면, 각자의 집으로 돌아갈 수 있겠지?

우리는 다 함께 손을 잡고, 문 속으로 걸어 들어갔다.

대화는 즐거워

진심은 지구 밖에서도 통해!

여러분, 대한이와 친구들의 이야기 잘 들었죠?
하마터면 집으로 가는 버스를 놓치고 숲에 갇힐 뻔했는데,
저에게 진솔한 얘기를 해 준 덕에 모두 무사히 목적지까지 갈 수 있었어요.
그런데 진솔한 얘기라...
그것참 쉬운 것 같으면서도 어려운 말이죠?
진솔하다는 건 말 그대로 진실하고 솔직하다는 건데요.

제일 아끼는 그림을 누군가에게 보여주듯이,
자기 마음속의 진심을 꺼내 보여주는 것을 뜻해요.

여러분, 이제껏 이 머나먼 여정을 함께하며 많은 대화법을 배웠잖아요.
만약 그것들을 다 잊어버릴지라도
대신 진솔하게 진심을 나누는 대화. 이것 하나만큼은 기억하기로 해요.

거짓을 말하지 않고, 누군가의 마음에 상처 주는 말을 하지 않고
나의 가장 깨끗하고 온전한 마음을 꺼내 보이는 것!

그것만으로도 이 세상은 아름다운 대화로 가득 차게 될 테니까요.

18장 집으로 돌아오다!

마음의 문을 여는 열쇠는 바로 대화!

안녕, 친구들!
나야. 너희의 친한 친구, 최대한.
이제까지 나와 함께한 여정은 어땠어?
말도 많고 탈도 많았지만, 그래도 그 속에서 많은 것을 느끼고 배웠을 거야.
다들 기억하지?

가벼운 인사를 하는 법에서부터
친구에게 다가가는 법, 칭찬하는 법, 조언하는 법, 위로하는 법, 사과하고 용서하는 법,
자신감 있게 설득하는 법, 논리적으로 설명하는 법,
그리고 마음속 깊은 곳의 진심을 전하는 법을 말이야.

너희들은 이미 대화에 필요한 모~든 것을 알고 있어.
이제 책을 덮고 네가 해야 할 일이 무엇인지, 말 안 해도 알겠지?
자, 어서 네가 가장 사랑하는 사람에게 가!
아니면 이제껏 하고픈 말이 많았지만 차마 하지 못했던 사람에게!

그 누군가의 손을 꼭 잡아주면서, 어색한 눈 맞춤을 하면서
너의 진심을 이야기하는 거야.

잊지 마. 마음의 문을 여는 열쇠는 대화뿐이라는 거.
그러니까 우린 언제나, 대화를 해야 한다는 거!

나도 이제 말하는 게 어렵지 않아!!

MEMO